職場体験完全ガイド 会社員編

ABEMA
東宝
アマナ
ライゾマティクス

74

映像にかかわる会社

職場体験完全ガイド 会社員編 もくじ ········

＊本書掲載（けいさい）の内容（ないよう）は2021年3月末現在（げんざい）のものです。

この本で紹介している企業の「SDGsトピックス」について

●わたしたちが地球にくらしつづけるために、企業としてできること

SDGsは2015年に国連で採択された、「持続可能な開発」のための国際社会共通の目標です。「持続可能な開発」とは、未来の世代がこまることのないように、環境をまもりながら現在の世代の要求を満たしていくことです。2016年から2030年の15年間で、17の目標の達成をめざすことが決められました。採択には日本をふくむ150以上の国連加盟国の首脳が参加しました。

SDGsは世界共通のものさしであり、国、組織、企業、学校、個人などそれぞれの立場で目標に取りくむことが可能です。企業には、その社会における責任をはたすために、技術や知恵、資金をいかして課題の解決に取りくむことが期待されています。とりくみを進めることで企業価値が高まり、新たな事業が生まれるという利点もあります。

この本では、環境保護や社会貢献活動といったサステナビリティ（持続可能性）を重視する企業を取材し、その企業がとくに力を入れているとりくみや、みなさんに知ってほしいトピックスを選んで紹介しています。

SDGsの17の目標

SUSTAINABLE DEVELOPMENT GOALS

目標1 貧困をなくそう

目標2 飢餓をゼロに

目標3 すべての人に健康と福祉を

目標4 質の高い教育をみんなに

目標5 ジェンダー平等を実現しよう

目標6 安全な水とトイレを世界中に

目標7 エネルギーをみんなにそしてクリーンに

目標8 働きがいも経済成長も

目標9 産業と技術革新の基盤をつくろう

目標10 人や国の不平等をなくそう

目標11 住み続けられるまちづくりを

目標12 つくる責任つかう責任

目標13 気候変動に具体的な対策を

目標14 海の豊かさを守ろう

目標15 陸の豊かさも守ろう

目標16 平和と公正をすべての人に

目標17 パートナーシップで目標を達成しよう

ABEMA®
TV&VIDEO ENTERTAINMENT

ABEMA

アニメ局プロデューサー
山崎健詞さんの仕事

ABEMA は東京都渋谷区に本社をかまえる、インターネット上でパソコンやスマートフォンなどに向けて、ニュースをはじめさまざまなジャンルの番組を配信する会社です。ここではアニメ局プロデューサーとして活躍する、山崎健詞さんの仕事をみていきましょう。

ABEMA

ABEMAは、IT産業に強いサイバーエージェントとテレビ朝日が共同ではじめたインターネット動画サービス。国内で唯一の24時間編成のニュースチャンネルをはじめ、ドラマやバラエティー、アニメ、スポーツなど約20の多彩な専門チャンネルを配信しています。

株式会社AbemaTV
本社所在地 東京都渋谷区　**創業** 2015年

24時間最新のニュースをとどける「ABEMA NEWS チャンネル」

「ABEMA NEWSチャンネル」ではさまざまな切り口で、最新のニュースを365日24時間配信しています。注目の記者会見があれば、全編ノーカットで生中継するなど、独自の配信が反響をよんでいます。そのほか、災害などの非常時には番組の放送予定を変更し、スピード感のある対応で発信をつづけ、信頼できる情報源として多くの視聴者に支持されています。

▲「ABEMAヒルズ」は、平日の12時から生放送のニュース番組です。いま知っておきたい最新ニュースや独自の企画をランチタイムにぎゅっと凝縮。SNSで話題のできごともポップに紹介しています。

業界初のオリジナルバラエティー番組を制作して配信

ABEMAでは数多くのバラエティー番組を、独自に企画・制作して配信しています。平日夜に生配信している「声優と夜あそび」は、曜日ごとにことなる人気声優がレギュラー出演するトークバラエティー番組です。

予想のつかないドラマが楽しめる恋愛リアリティーショー

ABEMAでは、予想のつかない男女の恋愛模様をドラマのように楽しめるオリジナル「恋愛リアリティーショー」を数多く配信し、人気を集めています。

番組出演をへて、CDを出したり舞台・テレビに出演したりするなど活躍の場を広げるメンバーもいて、話題となっています。

▲「声優と夜あそび」は、ふだんはなかなかすがたを見られない声優が司会をつとめるという、声優業界でははじめてのレギュラーバラエティー番組です。

◀「恋する♥週末ホームステイ」は、遠くはなれてくらす高校生たちの、週末だけの共同生活を追った人気番組です。

多くの話題をよぶ
オリジナルドラマを多数制作

　ABEMAでは、総視聴数が3日間で100万をこえた「僕だけが17歳の世界で」や、Twitterのトレンド1位となった、テレビ朝日との共同制作ドラマ「M愛すべき人がいて」など、話題性が高く、質の高いオリジナルドラマの制作に力を入れています。

◀「僕だけが17歳の世界で」は、なくなった主人公が7年後にもどってくるファンタジーラブロマンス。大切な人に気持ちを伝える大切さがえがかれました。

将棋や格闘技、釣りなど
趣味系の専門チャンネルも多数

　ABEMAでは、「SPORTS」「格闘」「競輪・オートレース」「釣り」「将棋」「麻雀」など、趣味に関する数多くの専門チャンネルがあります。ほかでは見られない番組が多く、深くほりさげた内容で、はば広い世代で視聴者が増えています。

▶将棋チャンネルでは、一流棋士たちが団体戦にいどむ「AbemaTVトーナメント」など、ほかでは見られない番組が人気です。

ABEMAのSDGsトピックス≫

9 産業と技術革新の基盤をつくろう

災害発生時などの緊急時はチャンネルをふやし
24時間リアルタイムで被災者向け情報を提供

　大きな自然災害など緊急事態が起きたとき、被災者が正確な情報を得ることは、自分自身や周囲の人の命をまもる行動につながります。ABEMAでは、インターネット配信ならではの特性をいかして、緊急時の情報伝達の基盤づくりに貢献しています。
　地震や台風などの災害が起きたり、別べつの場所で同時に災害が発生したりした場合、すぐに「ABEMA NEWS緊急チャンネル」という専用のチャンネルをふやし、24時間リアルタイムで情報をとどけます。スマートフォンで見られ、Twitterと連動していちはやく情報を広めることもあります。

「ABEMA NEWS緊急チャンネル」では、情報を必要とする視聴者に発信できます。より多くの人たちに、日常のニュースのみならず緊急時や災害時にも「ABEMAを見よう」と思ってもらえるような情報の基盤づくりをめざしています。

ABEMA
（アベマ）

アニメ局プロデューサー
山崎健詞さんの仕事
（やまざきけんじ）

アニメ局のプロデューサーである山崎さんは、ABEMAが配信する約20のチャンネルのうち、アニメ専門チャンネルの番組を担当しています。番組編成を決めるだけでなく、アニメ声優が出演する番組のプロデュースからグッズ制作まで、広くアニメをとどけるためにさまざまな仕事を行っています。

新旧のアニメを組みこむ

■クールごとの番組表を決める

ABEMAには現在、3つのアニメ専門チャンネルがあります。新作アニメと、以前に放送されていた旧作アニメ、ABEMAオリジナルの番組や特番を、それぞれ365日24時間配信しています。

番組は、毎年1月・4月・7月・10月の年に4回、「クール」とよばれる配信期間の区切りで変わります。山崎さんたちは、新作と旧作のアニメを担当し、各クールの番組表にアニメ作品を組みこむ「編成」を考えるのが大きな仕事です。新作と旧作のアニメは、関連する会社から放送する権利を買いつけて配信します。

■配信したい新作アニメを買いつける

新作アニメは1クールごとに約30作品を買いつけます。

いろいろな新作アニメのなかで、「これをABEMAで配信したい」という作品があったら、山崎さんはまず、アニメの製作委員会＊の窓口となる会社に話をもちかけます。

アニメを買いつける金額のほか、ABEMAで配信した場合には、どのような宣伝をして世に広めることができるかといったプランを立てます。

たとえば、「Twitterやウェブサイト上で新作アニメの話題をもりあげる」、「ABEMAで独自にアニメを紹介する番

アニメ局のメンバーと、新作アニメの宣伝方法に関して意見を出しあい、作品の特徴をいかしたものになるよう相談します。

＊コミックなどの原作を出している出版社や、アニメの絵や映像をつくる制作会社、放送するテレビ局など、複数の会社が集まっている組織で、権利関係などをとりまとめています。

8

アニメ会社とのオンライン会議で、宣伝内容について打ちあわせします。最近ではアニメ会社のほうから、配信の依頼や宣伝の提案を受けることもあります。

組を配信する」、「アニメのグッズをつくって販売する」などの宣伝方法を提案します。提案をもとに、各クールや作品ごとにいる営業担当が買いつけを行います。

■新作アニメの配信日時を決める

製作委員会が提案を受けいれ、配信が決まったら、配信

買いつけを行いたい新作アニメは、すべて目を通します。休けい時間や移動時間も使うので、スマートフォンで見ることも多いです。

曜日と時間を決めていきます。そのアニメが、ほかの配信会社でも配信される場合、一日でも早く配信できるように心がけます。

配信日時が決まったら、宣伝の部署と相談しながら、配信する週ごとに、宣伝の内容を決めていきます。

■旧作アニメの配信日時を決める

旧作アニメの場合は、季節やタイミングを考えて製作委員会に提案し、了承を得ると配信となります。

たとえば、新シリーズの配信が7月クールからに決まったアニメがあれば、4月クールにそのシリーズの旧作をすべてまとめて配信したり、スポーツの秋に合わせて、10月クールからスポーツ系の旧作アニメをまとめて配信したりします。

また、Twitterの話題から

企画を考えることもあります。たとえば、ある日が、あるアニメのキャラクターの誕生日であることが話題になっていれば、その日にそのキャラクターが活躍する回を集めて配信します。また、そのキャラクターのオリジナルグッズが当たるキャンペーンを行うなどしてもりあげます。

また、どの世代からも人気のある『ドラえもん』や『クレヨンしんちゃん』などは、つねに編成に組みこみます。

■メンバーで相談して番組編成を固める

こうして、新作と旧作の番組編成を、部署のメンバーと相談しながら固めていきます。クールをまたいで長期間配信する作品や、大がかりな宣伝がともなう作品などは、山崎さんが担当します。

山崎さんは全体を見ながら、早い作品では1年前から、おそくともクールがはじまる約2週間前には、編成の最終決定をします。

ＭＣがアニメ声優のオリジナル番組をつくる

■番組のMCを担当する声優を決める

　山崎さんは、司会進行役（MC）の声優2人が曜日ごとに変わる「声優と夜あそび」と、同じ声優2人がMCをつとめる「声優と夜あそび 繋」という、平日の夜に生配信されるオリジナル番組のプロデューサーをつとめています。

　2つの番組とも、4月から1年間つづけて配信するため、毎年10月～12月のあいだに、翌年のMCを担当するレギュラーの声優を検討します。翌年、ABEMAで配信が決まっている新作アニメの声優や、Twitterやウェブサイトを積極的に活用している声優などに注目して候補をしぼります。

　社内で候補が確定したら、その声優が所属する事務所に交渉をして、決定します。

■視聴者の反応を見て次週の内容を考える

　山崎さんと曜日ごとの担当者で大まかに配信内容を考え、細かい内容は、曜日ごとの担当者が番組を制作する外部の会社と決めて、山崎さんに報告します。

　山崎さんは、配信を見ながら、視聴者がどのような反応をしているか、Twitterやウェブサイト上のコメントなどでチェックします。

　配信内容がいつもと変わったり、特別なイベントがあったりする場合は、スタジオにも足を運びます。制作会社の人や出演者と、その日の配信内容について確認し、本番中は番組の進行を見まもります。

　視聴者の声をつねに意識し、配信終了後の視聴者の反響を見ながら、次の週の内容を決めていきます。

配信中は出演者やゲスト、スタジオ全体の様子を見まもります。

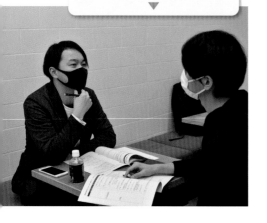

週に2回ほどスタジオに足を運び、制作会社の担当者や出演者と打ちあわせをします。

配信中や終了後に、Twitterなどで視聴者の声を確認し、番組づくりに役だてます。

オリジナルグッズをつくる

■アニメ制作会社に商品化の許可をもらう

山崎さんは、アニメや声優に関するオリジナルグッズを商品化する仕事もしています。アニメの場合、視聴者の反響がある作品のグッズ制作の企画が上がると、まずアニメ制作会社などに制作・販売の許可をもらいます。

■売れるグッズを見きわめて制作する

許可がおりると、グッズの制作を進めます。グッズを企画・製造する企画制作会社に依頼をしてアイデアを出してもらい、打ちあわせを重ねて内容を決めていきます。

人気のキャラクターのグッズでも、商品そのものに魅力がないと売れないので、どんなグッズにするかは、いつも試行錯誤の連続です。

最近はウェブサイトで購入する人がふえて、店頭でたまたま見かけて購入する機会がへっているため、ほんとうにそれがほしいと思ってもらえる特別感や質のよさなどにこだわっています。

男女の買いかたのちがいにも注目します。たとえば、女性は自分の好きなキャラクターのグッズをいろいろそろえたい人が多く、男性は1体数万円する高価なフィギュア

企画制作会社の担当者とグッズのアイデアを確認します。フィギュアなどの場合は3Dの図面を作成してもらいます。

でも、気にいったものなら買う人が多いといった傾向をおさえながら、グッズの方向性を考えます。

■見本を確認して宣伝プランを練る

企画制作会社から見本が上がると、企画制作会社の担当者と、さまざまな角度から細かくチェックします。アニメ制作会社などにもチェックしてもらい、修正を重ねて完成品ができあがります。

宣伝の部署とも相談しながら、ABEMAでコマーシャルを流すなど、多くの人に知ってもらえるようにくふうをします。

グッズの見本をチェックします。キャラクターの表情やポーズなどが重要です。

11

ABEMA の山崎健詞さんに聞きました

オリジナルのアニメ作品を つくり大ヒットを生みだしたい

1993年、東京都出身。大学では経済学部で経済の基本や企業の商品の宣伝方法などについて学びました。大学卒業後、2016年にサイバーエージェント*に入社。メディア事業部の動画サービス「ABEMA FRESH!」に配属後、営業や番組制作などを経験し、現在はABEMAのアニメ局プロデューサーをつとめています。

発信した情報に 返ってくる反響が 仕事のやりがい

Q 学生時代は どうすごしましたか？

　大学では経済を学び、企業の宣伝や販売促進について学ぶゼミに入って、さまざまな企業から課題をもらって、新しい商品の企画を考えたり、すでにある商品をさらに売るにはどうしたらいいかなど、宣伝プランを考えて発表したりしていました。

　バスケットボール部にも所属して、毎日練習にはげんでいました。卒業後はスポーツの情報を発信するような仕事がしたいと考えていて、かかわりが深そうな広告代理店や映像、テレビ業界などを中心に就職活動していました。

Q この会社に入った 理由はなんですか？

　サイバーエージェントを受

　＊テレビ朝日とともに、ABEMAを運営する親会社です。

けたとき、選考過程で会った人たちが、みなさん気持ちよく、がむしゃらにはたらいているという印象を受けて、自分のめざすはたらきかたに合っていると感じたのです。

また、この会社は新しいことにどんどん挑戦し、いきおいもあったので、若くても活躍できそうだなと思ったのも、入社を決めた理由の一つです。

Q 印象に残っている仕事はなんですか?

ABEMAでも多くの人に見られている『鬼滅の刃』は、テレビ放送が発表されたあと、比較的早い段階で配信のご案内をいただいた作品でした。世の中で大きく話題になる前のことだったので、まだ原作漫画も読んだことがなく、アニメ局のメンバー3人で漫画喫茶に行って、夢中でいっき読みしました。

こんなにおもしろい原作を、つねにすばらしいアニメ映像をつくられてきた制作会社さんでアニメ化するなら、ぜったいにおもしろくなると確信しました。そこで、さまざまな宣伝プランを練って製作委員会に提案しました。

その熱い思いが伝わったの

わたしの仕事道具 🔧

スマートフォン

ABEMAの番組は365日24時間配信されています。自分がかかわったアニメの情報発信や、オリジナル番組「声優と夜あそび」など、視聴者の反響をいつでもどこでもチェックできるよう、スマートフォンは手ばなせません。あいた時間にはアニメを見て、できるだけ多くの作品にふれるようにします。

か、ABEMAでは、アニメ『鬼滅の刃』をテレビ放送と同時に配信することができたのです。そして、アニメ側のプロデューサー陣と打ちあわせを重ねながら、ABEMAの番組で作品を宣伝したり、ときにはグッズをつくったりしてもりあげていきました。

一つのアニメ作品が世の中で一大ブームをまきおこしていく一連の流れに、ABEMAとして少しでもかかわれたことがとてもうれしく、貴重な体験をさせていただいたと感じています。

Q この仕事のやりがいはなんですか?

インターネットの動画配信は、いますごく成長している分野で、なかでもアニメの市場は大きな割合をしめています。このような市場において、

自分たちが考えた企画に対して、世の中から反響がたくさん返ってくるというのがいちばんのやりがいですね。

とくに、アニメのファンはTwitterなど、ネット上でいちはやく反応をしめしてくれる人が多くいます。「こういうキャンペーンをします」と情報公開をした瞬間に、情報が広まっていくのを目の当たりにすると、「もとめられていたことができたんだ」と、手ごたえを感じられて、うれしくなります。

いまの部署にきてアニメの魅力にはまった

Q この仕事で心がけていることは?

アニメの宣伝プランを提案するときは、作品を見て内容

を把握するだけでなく、どのような思いで作品がつくられているのか、どのように広めていきたいのかというところまで、よく理解して考える必要があります。

また、グッズ制作を提案するときに、キャラクターの名前や発音をまちがえたらとても失礼にあたりますし、提案は受けいれてもらえません。

ABEMAは数多くのアニメを配信していますが、できるかぎり作品に敬意をもって仕事ができるよう、ふだんから心がけています。

学生時代は、バスケットボールに夢中で、仲間とあせを流していました。目の前のことに一生懸命とりくんだ経験は、いまの仕事にもいきています。最前列の左から3番目が山崎さんです。

Q これからの目標を教えてください

入社当初はスポーツにかかわる仕事を希望していましたが、いまの部署にきて、アニメの魅力にすっかりはまっています。

ABEMAで配信するアニメ作品は、ほかの会社から買いつけたものが中心ですが、近い将来、オリジナルの作品をつくり、大ヒットを生みだしてみたいです。

最近では少しずつ社内でもオリジナル作品をつくりはじめていて、できあがった作品をどのように世に広めていくか、その方法や知識についてはこれまでの蓄積もあります。

作品は一人の力ではとうてい生みだせません。わたしも自分自身の経験をいかして力を発揮し、作品を生みだす一員としてかかわれたらと思っています。

Q 子どもたちに伝えたいことは?

ぜひ、アニメでもスポーツでも、自分の好きなものに夢中になってみてください。その経験は仕事をするうえで、きっと大きな武器になるはずです。

一問一答 Q&A

Q 小さいころになりたかった職業は?
バスケットボールの選手

Q 小・中学生のころ得意だった科目は?
体育

Q 小・中学生のころ苦手だった科目は?
理科

Q 会ってみたい人は?
コービー・ブライアント(2020年になくなったバスケットボール選手)

Q 好きな食べものは?
カレーライス

Q 仕事の気分転換にしていることは?
運動

Q 1か月休みがあったら何をしたいですか?
ハワイなど海外旅行

Q 会社でいちばん自慢できることは?
社員みんながサービス精神旺盛で、ABEMAへの愛にあふれている

ABEMA ではたらく
山崎健詞さんの一日

スタート！

番組編成のスケジュールを組んだり、アニメ制作会社に提案する資料を作成したりします。

アニメ局のメンバーと、新作アニメの宣伝プランのスケジュールについて相談します。

起床・朝食	出勤	仕事開始・メールチェック	資料の作成	社内会議	昼食
8:30	9:30	10:00	10:30	11:30	12:00

帰宅・就寝	スタジオを出る	配信終了・次週の打ちあわせ	生配信開始	打ちあわせ	スタジオに移動	外部の会社とオンライン会議
25:00	24:30	22:30	22:00	20:00	18:30	13:00

収録に立ちあう日はおそい帰宅となります。

番組の進行を確認し、スタジオ全体に目を配ります。

番組制作の担当者や今日の出演者と、進行などについて打ちあわせをします。

アニメ制作会社や企画制作会社などとの会議がつづきます。新型コロナウイルスの影響で、社外の人とのやりとりはオンラインが中心となっています。

コロナ時代のはたらきかた
ABEMAの特性をいかして業界に貢献する

中止になったイベントをABEMAで無料配信

新型コロナの影響で、多くのアニメイベントが中止になり、「ABEMAで何かできないか」という相談をいただく機会がふえました。そこで、ABEMAのスタジオでイベントを行い、配信するなどのお手伝いをさせていただきました。ABEMAの特性をいかして、アニメのために貢献できてよかったと、前向きにとらえています。

人びとの外出がへり利用者数は急増

また、人びとの外出がへった影響か、ABEMAの利用者数は大はばにふえています。

いままでアニメに興味がなかった人がABEMAを見てくれる機会もふえたので、これからも、そのような層にも楽しんでもらえるアニメをとどけていきたいと考えています。

ABEMA 社長の
藤田晋さんに聞きました

いままでにないサービスだからこそ
型にとらわれず、新しいことに挑戦する

若者の熱狂を生む番組をつくってとどける

　ABEMAは、「テレビ」を活用した新しい楽しみかたを提供する動画サービスをめざし、テレビ朝日といっしょに立ちあげた会社です。長年、インターネットサービスを運営してきた強みをいかし、「若者の熱狂を生む番組をつくってとどける」ことを目標に、全力でとりくんでいます。

　社員にはエンターテインメント好きやアニメ好きなど、好きなものに没頭できる多様な人材がそろっています。

つねに成長できる人とはたらきたい

　ABEMAは世界的にもめずらしいビジネスを展開しています。いままでにないサービスだからこそ、今後も型にとらわれることなく、新しいことにどんどん挑戦していきます。国内外の多くの方が毎日使えるものにして、「ABEMAの番組はおもしろい」と思ってもらえる会社にしたいです。

　そのためにも、つねに前向きに成長ができる人とはたらきたいですね。つらいことがあってもにげずにふんばって、あきらめないことが大切です。

どんなことでもいいのでたくさん努力をしよう

　どんなことでもいいので、いまからたくさんの努力をしてください。がんばれば、まわりが応援してくれて、いろいろなチャンスや、経験を積む機会もめぐってきます。

　また、「将来はこうなりたい」という夢がある人は、まわりの人にどんどん伝えていくのもよいと思います。そうやって努力を重ねて、成長したみなさんが将来活躍する日を楽しみにしています。

渋谷にある本社、Abema Towersに開設している公開スタジオの「UDAGAWA BASE」です。配信番組と連動したイベント＊やDJイベントなどを開催し、若者の文化発信地である渋谷のランドマーク的存在をめざしています。

　＊2020年12月末現在は、新型コロナウイルスの影響によりイベントは中止しています。

東宝

映像本部 映画企画部 映画製作室 プロデューサー
西野智也さんの仕事

東宝は東京都千代田区に本社を置く、映画・演劇の製作や上映を行うほか、映画館や劇場の運営も行う会社です。ここでは、映画製作の責任者であるプロデューサーとして、映画の企画、製作にたずさわる西野智也さんの仕事をみていきましょう。

東宝
_{とうほう}

東宝は、エンターテインメント業界の開拓者として、映画、演劇を中心に、企画・製作、配給 *1、興行のほか映画館なども運営しています。「健全な娯楽を広く大衆に提供すること」を使命とし、時代に合った最高のエンターテインメントをお客さまに提供しつづけています。

東宝株式会社
本社所在地 東京都千代田区 **創業** 1932年 **従業員数** 357名（2021年1月現在）

子どももおとなも楽しめる
はば広いジャンルの映画を提供

　東宝では、1年間で約30作品の映画を配給しています。『ブレイブ-群青戦記-』などの自社で製作した作品をはじめ、『ドラえもん』や『鬼滅の刃』などのアニメーション映画から、ラブストーリー、アクション、SF、コメディ、時代劇とはば広いジャンルの作品を配給し、国内はもちろん、世界の人びとに夢と感動をとどけています。

◀2021年3月公開予定の映画『ブレイブ-群青戦記-』は、人気コミックが原作です。戦国時代にタイムスリップした現代の高校生たちが、部活のスキルを使って戦国武将たちとたたかう、アクション・エンターテインメントです。

©2021「ブレイブ - 群青戦記 -」製作委員会
© 笠原真樹／集英社

時代をこえて長く人びとに愛される
多くの演劇作品を上演

　広く大衆に楽しんでもらえる「国民劇」をとどけることをめざした創業者小林一三の理念のもと、日本の演劇史に残る多くの名作を上演しています。1987年の初演以来34年めをむかえる『レ・ミゼラブル』をはじめ、『放浪記』や『エリザベート』『Endless SHOCK』など、時代をこえ、世代をこえて愛されつづける作品を提供しています。

▲日本での公演が30年以上もつづく『レ・ミゼラブル』は、親子3代で鑑賞するお客さまもいる、東宝の演劇を代表する歴史あるミュージカル作品です。

◀1950年に連載開始した、スヌーピーが出てくる人気コミック『ピーナッツ』（チャールズ・M・シュルツ著）が原作です。1967年にはじめて上演され、1999年にブロードウェイ *2 に進出しました。全世界で世代をこえて愛されるハートフルなミュージカルです。

＊1　その映画作品を上映する権利を買いつけて、映画館で上映することです。
18　＊2　アメリカ・ニューヨークにある、ブロードウェイとよばれる劇場街のミュージカル劇場で上演されている作品のことです。

お客さまに安心して楽しんでもらえる
映画館、劇場を運営

東宝グループが運営する映画館、劇場では、お客さまに安心して作品を楽しんでもらうために、劇場ごとに救命講習や避難訓練を行っています。また、足元灯の点検や、専門家の指導を受けて大震災を想定した訓練を行ったり、換気や館内の消毒・清掃強化といった新型コロナウイルス感染防止の対策を行ったりするなど、安全を重視したとりくみのもと、お客さまをむかえています。

▲ 1911年に日本最初の洋式劇場として誕生した帝国劇場では、100年以上にわたり、さまざまなジャンルの作品を上演してきました。

街の安全を見まもる
ゴジラ像で街を活性化

東京都新宿区にある、2015年にオープンした新宿東宝ビルには、巨大なゴジラの頭部が設置され、街を見おろしています。街の安全を見まもるゴジラのすがたは、新宿歌舞伎町のイメージアップに大きく貢献しています。この施設では、映画関連のイベントも実施され、多くの映画ファンでにぎわっています。

▶新宿歌舞伎町のシンボルともなった「ゴジラヘッド」。ゴジラの生誕日の11月3日に行われる「ゴジラ・フェス」の第1回が、2017年に新宿歌舞伎町で開催されました。

© TOHO CO., LTD.

東宝の
SDGsトピックス»

11 住み続けられるまちづくりを

あらゆる人が映画を楽しめるよう
バリアフリー上映にとりくむ

目や耳に障がいのある人にも、快適に映画を楽しんでもらえるように、音声ガイドや字幕ガイドをつける、バリアフリー上映へのとりくみをしています。

近年では「UDCast」という、バリアフリー上映サービスに対応した視覚障がい者用音声ガイドと日本語字幕の提供を開始しました。また、2020年2月公開の作品からは、同じくバリアフリー上映のアプリである「HELLO! MOVIE」を上映サービスとして採用しています。どちらも、アプリをスマートフォンかスマートグラス*にインストールすることで、映画の字幕と音声ガイドを楽しむことができます。

HELLO! MOVIEのアプリ（左上）上で、あらかじめガイドデータをダウンロードすることで、スマートグラスに字幕を表示させたり、スマートフォンで音声ガイドをきいたりできます。

*めがね型の端末で、じっさいに見ている風景に重ねて映像や文字などの情報がうつしだされます。

東宝

えいぞうほんぶ きかくぶ せいさくしつ
映像本部 映画企画部 映画製作室 プロデューサー
にしのともや
西野智也さんの仕事

東宝の映画企画部では、劇場用の実写映画や長編アニメなどの映像作品を企画、製作しています。西野さんは映画プロデューサーとして、実写映画を企画し、映画監督や脚本家、出演俳優の選定から、脚本の確認、撮影後の編集作業、公開前の宣伝活動まで、映画製作のさまざまな業務にたずさわっています。

映画を企画する

■たくさんの原作を読み、企画を考える

映画プロデューサーの仕事は、映画の種となる原作をさがすことからはじまります。西野さんは、小説や漫画など、年間に250〜300冊の本を読みます。そこから、おもしろそうな作品や、感動的な作品を見つけだし、それを原作として映画化する企画を立案します。

気になる原作本に出あったら、まず、本を発行した出版社に、映像化の権利がもらえそうかどうかを確認します。

■企画書とプロットを作成する

出版社への確認と並行して企画書づくりに入りますが、この先の仕事の進めかたは、作品やそのときの状況によってさまざまです。ここでは、西野さんが企画した映画『ブレイブ-群青戦記-』を例にみ

たくさんの本を読み、映画化できそうな原作をさがします。気になるセリフや文章があればチェックします。

社内の企画会議に提出するための企画書を作成します。

ていきます。

企画書には、企画の意図や、見てもらいたい人（ターゲット）、ストーリー、登場人物のほか、希望する出演俳優や映画監督、脚本家などの主要なスタッフ案も記載します。

次に、プロットをつくります。プロットは、ストーリーに、登場人物の性格や場面の展開、情景の描写などを加え

て文章にしたもので、脚本の
もとになるものです。

　プロットは、社内で企画を
承認^{しょうにん}してもらうためにも重要
なものなので、脚本家やライ
ターに依頼^{いらい}してつくってもら
います。

■企画書とプロットを 企画会議にかける

　企画書とプロットができあ
がったら、上司に確認をして
もらい、社内の企画会議に提
出^{てい}します。

　映画製作^{せいさく}を進めてもよいか
どうかは、何段階^{なんだんかい}かの会議を
へて、最終的に決定されます。

　映画製作は、お客さまに楽
しんでもらうことを第一に考
えますが、ヒットさせ、興行^{こうぎょう}

作成した企画書^{き かくしょ}と
プロットを上司に
チェックしてもら
います。

として結果を出すことができ
るかも重要です。そのため、
判定^{はんてい}はきびしく、提出した企
画が通るのは、ごくわずかで
す。西野さんは、つねに映画
の種をさがし、新しい企画を
考えています。

■映画監督や脚本家、 主要なキャストを選ぶ

　企画が通ると、映画監督や
脚本家を決め、製作を依頼し
ます。出演する俳優のうち、
主役などの主要なキャストへ
の依頼も、プロデューサーで
ある西野さんが行います。

　そして、じっさいに映画製
作を進める制作^{せいさく}*プロダク
ションに依頼して、予算を立
てたり、製作にたずさわるさ
まざまなスタッフの人選を固
めたりするなどの手配を進め
てもらいます。

映画を製作する

■脚本^{きゃくほん}に修正^{しゅうせい}を加え 仕あげる

　脚本は、映画をつくるため
に多くのスタッフやキャスト
が共有する設計図^{せっけいず}です。その
ため脚本づくりは、重要にな
ります。

　脚本家から脚本がとどくと、
西野^{にしの}さんのほか映画監督^{えい が かんとく}やス
タッフなどが読んで、手なお

ししていきます。西野さんは、
企画^{きかく}の意図がきちんと表現^{ひょうげん}さ
れているか、お客さまにおも
しろいと思ってもらえるか、
新しさが感じられるか、と
いった点をチェックします。

　さらに、キャストとの意見
交換^{こうかん}や、撮影^{さつえい}プランの組みた
てなどと並行^{へいこう}して、そのつど、
修正をくりかえします。

脚本^{きゃくほん}を読んで、企画^{き かく}の意
図や原作のよさが伝わる
ように、セリフを修正^{しゅうせい}す
るなどします。

---

*映画^{えい が}業界では脚本作成^{きゃくほん さくせい}、撮影^{さつえい}、演出^{えんしゅつ}など創作物^{そうさくぶつ}、芸術作品^{げいじゅつ}としての映画をつくる仕事を「制作^{せいさく}」、資金調達^{し きん}や宣伝^{せんでん}・
配給^{はいきゅう}、セットや衣装、小道具^{こ どう ぐ}の準備^{じゅんび}などビジネスの実務^{じつ む}や、裏方^{うらかた}の仕事を「製作^{せいさく}」と、ことばを使いわけています。

こうして脚本の決定稿ができるまでに、だいたい半年から1年かかります。

■撮影の進行を見まもり、編集作業に立ちあう

撮影に入ると、西野さんは、撮影スケジュールや予算を確認しながら、ポイントごとに撮影現場にも出かけ、撮影の進行を見まもります。撮影期間はおよそ2か月間です。

撮影が終わると、編集作業に入ります。編集作業には、映画監督のチェックのもと、ばらばらに撮影した映像を、脚本をもとに順番につないでいく作業や、色の調整やCGを合成する作業、セリフや効果音を録音したり、映画音楽をつくる作業などがあります。

西野さんは、つないだ映像を確認し、シーンを入れかえたほうがわかりやすいなど意見を伝えます。数回編集作業をくりかえして作品の尺（長さ）が決まると、CGを合成

編集作業が終わり、完成した映画の試写（初号試写）を見ます。

したり、音声や音楽などを組みあわせたりして、一本の映画が仕あがります。完成すると、製作にかかわった人たちを集めて試写を行います。

映画の宣伝を行う

■宣伝プロデューサーと宣伝方針を話し合う

映画が完成したら、公開される前に、宣伝プロデューサーと宣伝方針やプランを検討します。映画のコンセプトやターゲットをきちんと伝え、予告編やポスター製作に反映

してもらうようにします。

また、出演者や映画監督によるさまざまな宣伝活動や、イベントの開催などについての提案も行います。

■パンフレットやグッズ、DVDの監修を行う

劇場に置くパンフレットや映画関連の商品の監修を行うのも西野さんの仕事です。

さらに、映画の公開後は、DVD化など映像の次の利用方法について映像事業部と検

宣伝プロデューサーとポスターの色の調子などチェックします。

討します。DVDに入れる撮影のメーキング映像の確認や、パッケージの監修なども行います。

このように、企画した映画作品が完成したあとも、西野さんは映画製作の責任者として、さまざまな仕事にたずさわっています。

コンセプトが伝わるものになっているか、脚本を見ながら、予告編のチェックをします。

東宝の西野智也さんに聞きました

• •

インタビュー

チームワークを大切にして
「いい作品」をつくっていきたい

1987年生まれ。東京都出身。早稲田大学第一文学部を卒業。大学では、映画の歴史を学んだり、自主映画サークルで、映画製作を経験したりしました。2011年に東宝に入社し、名古屋の映画営業支社で宣伝を担当。2013年に東京本社にうつり、映画調整部や映画企画部で映画作品の企画・製作の仕事をしています。

企画を通すのが映画製作の第一歩

Q この仕事をしたいと思ったきっかけは？

　小学生のころ、父が借りた『ザ・ロック』というアメリカのアクション映画を、父のそばでなんとなく見ていたのですが、いつのまにかその迫力に引きこまれていました。「映画っておもしろいな」と思い、それからは、両親にたのんで映画館に連れていってもらって、ハリウッド映画をよく見るようになりました。それまでは、見るとしたらアニメ映画ばかりでしたが、すっかり実写映画の魅力にはまったのです。そこから、将来は映画や映像にかかわる仕事をしてみたいと思うようになりました。

　大学生のときに、映画サークルに入って、自主映画製作

を経験したことで、その思いはさらに強くなりました。

Q これまででたいへんだったことはなんですか?

企画は、映画製作のはじめの一歩であり、さらに次の段階にふみだすまではとてもたいへんです。年間数百冊の原作を読み、多いときは、週に3本のペースで企画書をつくることもあります。

けれども、東宝でつくるべき作品かどうかの選別はとてもきびしく、企画が通って製作が実現するのはほんとうにわずかです。

なかなか企画が通らない時期はつらいですが、次のものに向けてがんばろうと、つねに先を見すえて、落ちこまずにつづけています。

わたしの仕事道具 🔧

脚本カバー

入社して最初に所属した名古屋の映画営業支社から、東京本社に転勤する際に、送別の品としてもらった脚本カバーです。推こうし、修正を重ねて、決定稿ができあがった脚本に、このカバーをかけるのが習慣になっています。脚本は、映画が完成するまで、さまざまな工程で使うので、カバーをかけて大切にあつかいます。

Q 仕事でやりがいを感じるのはどんなとき?

企画・製作した作品がヒットして、多くの人に「おもしろい」と言ってもらえたときですね。作品が完成し、公開されるまでの長い道のりのなか、重い責任をせおっていくのはたいへんですが、よい結果を出せたときにはすべてがむくわれたように思います。

Q 今後の目標について教えてください

映画は一人ではつくれません。会社の仲間、さらには脚本家や監督、キャストなど、さまざまな業界の人たちとかかわりながら、チームワークを大切に、内容的にも数字（興行成績）のうえでも、「いい作品」を企画・製作していきたいと思います。

一問一答 Q&A

Q 小さいころになりたかった職業は?
映画にまつわる仕事ならなんでも

Q 小・中学生のころ得意だった科目は?
英語

Q 小・中学生のころ苦手だった科目は?
道徳

Q 会ってみたい人は?
スティーブン・スピルバーグ（アメリカの映画監督）

Q 好きな食べものは?
カレーライス

Q 仕事の気分転換にしていることは?
ゴルフ

Q 1か月休みがあったら何をしたいですか?
海外旅行

Q 会社でいちばん自慢できることは?
オン・オフの使いわけがうまい人が多いこと

東宝ではたらく
西野智也さんの一日

スタート！

朝いちばんに、部内でミーティングを行います。それぞれが担当している仕事の進み具合などを報告しあいます。

企画書の説明のために集めたデータをまとめ、資料をつくります。

企画にできそうな原作をさがします。印象に残ったところがあれば、ふせんをはっておきます。

起床・朝食	出社・定例会議	資料作成	昼食	原作を読む
8:30	10:00	11:00	12:00	13:00

就寝	帰宅・夕食	退社	宣伝プロデューサーと打ちあわせ	脚本チェック	オンライン会議
24:00	20:00	19:00	18:00	16:00	14:00

夕食後はテレビで話題になっているドラマや、映画を見てすごします。

原作者や映画監督の意見もとりいれ、脚本を修正します。脚本は何度も修正を重ね、1年かけてつくりあげます。

原作者や映画監督とオンラインで会議を行い、脚本について意見を聞き、手なおしが必要なシーンを確認します。

コロナ時代のはたらきかた

直接会って話すことの大切さに気づいた

オンラインでの会議には長所も短所もある

　オンライン会議がふえたことで、移動時間が短縮されたり、参加メンバーのスケジュールが調整しやすくなったりするなど、効率化されたことはよい点だと思います。いっぽうで、オンライン会議では、参加者が同時に話せないため、発言のタイミングがズレたり、通信環境によるトラブルなどで、集中しきれないことも多くあります。企画や脚本の打ちあわせといったクリエイティブな作業では、オンラインの長所も短所も感じています。

効率よい作品づくりには直接会って話すことが必要

　作品づくりにおいては、顔と顔を合わせ、たがいの発言のタイミングをみながら打ちあわせをすることがほんとうに大事なんです。直接会って話すことの大切さに気づかされました。

東宝総務部長の塚田泰浩さんに聞きました

お客さまのニーズについて考えぬき「企てる」ことを楽しめる人に

良質な娯楽を提供しお客さまを幸福にする

東宝の創業者である小林一三は、「われわれの享くる幸福は、お客さまの賜ものなり」という理念をもっていました。これは、「お客さまが幸せであることが、ひいては自分たち（東宝）の幸せにつながる」という意味です。この精神を受けつぎ、東宝は映画、演劇を核とした良質なエンターテインメントを提供し、人びとの幸福に寄与することを使命として事業をつづけています。

何かを企てて画にする会社をめざす

多くの人びとの心を動かす最高のエンターテインメントを提供するために、東宝は、「何かを企てて、画にする」＝「企画」する会社でありつづけるよう、努力を重ねています。わたしたちは、お客さまがどんな作品やサービスをもとめているのかを考えぬき、「企てる」ことを楽しめる人を必要としています。

お客さまのニーズにこたえるには、好奇心が役にたちます。みなさんには、身のまわりのいろいろなことに興味をもち、たくさん経験を積んで、情報の引きだしをふやしてほしいと思います。

万全の対策で、お客さまに夢をとどける作品を提供

また、小林は、「朗らかに、清く正しく美しく」はたらくことをモットーにしました。創業89年となる現在も、社員はこのことばをまもり、明るく、公明正大に活動しています。新型コロナウイルスが拡大する状況にあっても、各劇場では万全な対策をとり、お客さまに夢をとどける作品の提供をめざしています。

Mecha
Godzilla
(1974)
Hedorah
(1971)

社員の感性を刺激して、おもしろい着想が得られるよう、東宝の会議室のドアには、ゴジラやキングギドラ、ヘドラなど、東宝の映画に登場する怪獣のシルエットがえがかれています。えがかれた怪獣の名前が室名にもなっていて、ここから楽しい企画が生まれます。

amana

amana square | connection loung

アマナ

テクニカルディレクター
古賀心太郎さんの仕事

アマナは企業の広告などで使われる写真、動画、CG（コンピューター・グラフィックス）などのビジュアル（視覚にうったえるもの）を制作する会社です。ここでは、ビジュアルを技術面でささえ、ドローン空撮も行う古賀心太郎さんの仕事をみていきましょう。

アマナ

アマナは広告を中心に、CMやウェブサイトなどに使用するビジュアルを制作する会社です。「ビジュアルコミュニケーションで世界をゆたかにする」という考えのもと、見る人に感動をあたえる、表現力ゆたかで質の高いビジュアルをつくり、提供しています。

株式会社アマナ

本社所在地 東京都品川区 創業 1979年 従業員数 1,041名 (グループ企業をふくむ。2021年1月現在)

見る人を感動させる
質の高いビジュアルを制作

　写真や動画、CGのように、見る人の心にうったえかけるものをビジュアルといいます。アマナは、企業の依頼を受けて、その企業といっしょに、広告やCMなどのビジュアルを制作します。高い技術をもったクリエイター集団が、見る人の印象に強く残る、魅力的なビジュアルをつくりあげます。

▲制作の拠点となるアマナのスタジオには、ディレクターやカメラマンが集まり、さまざまな撮影が行われています。

◀撮影した写真を、CGを使って加工し、より美しく心にうったえる表現に仕あげる仕事などを行っています。

©YCU-CDC, amana/Hydroid

目に見えないものを
静止画・動画として可視化する

　世の中には目に見えないもの、複雑でわかりにくいものがたくさんあります。アマナでは医療や科学などの専門分野の知識を、科学的にわかりやすくビジュアル化するとりくみも行っています。最近では、医療の専門家と協力し、最新のデジタル技術を使って新型コロナウイルスを静止画・動画として可視化しました。形や動きが見えるようになると、理解しやすくなり研究にも役だちます。新型コロナウイルスの静止画と動画は、研究、教育、報道の分野で広く活用してもらうため、無償で提供しています。

©YCU-CDC, amana / H

▲新型コロナウイルスを可視化した静止画です。アマナと横浜市立大学、国立感染症研究所が協力して、ウイルスの構造を3DCG※化しました。

※コンピューターで描かれた、立体的な静止画や動画のことです。

アート写真の魅力をさまざまなかたちで発信、芸術のあるくらしを提案

アマナでは、絵画や彫刻と同じように、アート作品としての写真を広く知ってもらう活動を行っています。その一つとして、『IMA』というアート写真の雑誌を発行し、さまざまな作品を紹介しています。

また、家のなかにかざるためのアート写真を印刷して販売し、アート写真のあるゆたかな日常の提案も行っています。2019年には、長野県御代田町で「浅間国際フォトフェスティバル」というイベントを町と共同で開催しました。自然ゆたかな町のあちらこちらに巨大な写真や立体的な写真などを展示し、五感で楽しむアート写真として、多くの人にその魅力を伝えました。

▲ 『IMA』は、年4回発行され、アート写真の魅力を紹介しています。若い写真家の作品などもあり、広くアート写真に親しむきっかけを提供しています。

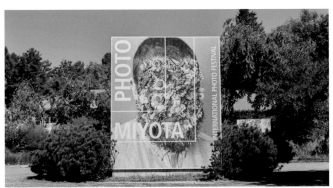

◀「浅間国際フォトフェスティバル」にて、屋内外に展示した巨大なアート写真は、アマナが導入している、最高品質の大型プリンターで印刷されました。屋外での風雨や光にたえられる強さがあります。

 アマナの **SDGsトピックス»**

 12 つくる責任 つかう責任

 14 海の豊かさを 守ろう

 15 陸の豊かさも 守ろう

メディアやイベントを通じて食の問題や食の未来を考える

アマナは、つくる人（生産者）と使う人（料理人）と食べる人（生活者）をつなぐ、「The Cuisine Press」というメディアを運営しています。「食で未来をつくる・食で未来を考える」ことをテーマに、メディアやイベントを通して、フードロス[*1]をはじめとした、食をとりまく問題やその解決にとりくむ事例を紹介するなどしています。この活動がみとめられ、日本国内の食に関するメディアではじめて、国連の「SDGメディア・コンパクト[*2]」に加盟しました。2019年には、「食×SDGs」をテーマにしたカンファレンス（会議）を開催し、さまざまな視点で、食の問題や食の未来を考えました。

「食×SDGs」カンファレンスでは、討論や講演、じっさいの食事などを通して、参加者が地球規模の社会課題にとりくむためのチャレンジやアイデアを共有しました。

---

*1 生産された食品が使われたり食べられたりせずに、すてられることです。
*2 加盟した世界各国の報道機関やエンターテイメント企業は、その資源や能力を活用してSDGsの達成に協力します。

テクニカルディレクター
古賀心太郎さんの仕事

アマナは、広告を中心としたさまざまなビジュアルを制作しています。古賀さんはそのなかでドローンを使い、広告やミュージックビデオに使用するための映像を空から撮影する仕事をしています。また、インターネットを使ったオンライン配信サービス「deepLIVE™」に必要とされる技術的な監修も行います。

ドローン撮影を行う

■ドローンをあつかうための技術や知識を身につける

小型カメラを搭載し、上空から撮影ができるドローンの活用は広告、映画、調査などの分野で急速に拡大しています。しかし、ドローンの操縦は、だれでもどこでも自由に行えるわけではありません。操縦する技術はもちろん、さまざまなところに撮影の許可をとる必要があるため、航空法などの法律に関する知識を身につけておくことがもとめられます。

■撮影の内容を確認しドローンを選ぶ

ドローンでの空撮の仕事の依頼が入ると、古賀さんはまず、制作を統括するプロデューサーと打ちあわせをします。依頼された内容を確認し、どこでどのように撮影すればよいか、どのドローンでとるのがよいかを相談して決めます。大きさや重量、飛行の安定性、スピード、飛行できる時間などがことなるさまざまなドローンから撮影にいちばん適したものを選びます。

また、撮影内容によって、一人でドローンの操縦と撮影をするか、操縦とカメラの操作を二人で分担して行うかも決めます。レースなどスピー

▲依頼主がもとめる映像をとるには、さまざまな機種からどのドローンでとるのがよいか、プロデューサーに説明します。

ドがあるものをとるときは二人で分担して、古賀さんはおもに撮影を担当します。

■撮影許可をとって撮影場所を確認する

撮影場所が決まったら、ドローンを飛ばして問題のない場所かどうかを確認します。

大型のドローンは、撮影前に組みたてが必要です。羽根を広げ、バッテリーやカメラをしっかり装着します。▼

風速計で風の強さを確認してから撮影をはじめます（上）。ドローンのコントローラーは、体につけたストラップに固定し、映像を確認しながら安定した体勢で操縦します（右）。▷

そして、必要におうじて、道路や河川を管理している国土交通省や警察、自治体など許可が必要なところに撮影の申請をします。

また、撮影場所に行って、電線などの障がい物がないか、通行人に危険がないか、操縦に使う電波に問題がないかなどを目で確認します。じっさいにドローンを飛ばしてテストすることもあります。

■機材や風速を確認し安全に空撮を行う

撮影の多くは、人が少なく、空気のすんだ早朝に行われます。ドローンは、ふだんから機材の確認をしていますが、安全で確実な飛行をするために、撮影当日に早めに現地に行き、撮影前にもういちど点検をします。

また、強い風がふいているとドローンが墜落したり、人や建てものにぶつかる危険があります。そこで撮影前に風速計で風速を測定し、安全に飛ばせるかを確認します。1秒あたりの風速が5メートル以上あるとドローンを飛行させることはできないので、その場合は風が弱くなるまで待ちます。

撮影がはじまると、空中を飛行するドローンを目で追いながら、イメージする映像が撮影できるように、コントローラーで正確に操縦します。

■撮影した映像を確認して納品する

ドローンで撮影した映像は、タブレットを使ってその場で確認します。依頼主がもとめている映像がとれているか、映像の乱れはないかなどを慎重にチェックし、必要があればとりなおしします。

納品前にもういちど映像を確認してから、映像データを依頼主にわたします。

とりおわった映像をしっかり確認してから、データをわたします。▼

オンライン配信を行う

■CGの背景をつけた オンライン配信を行う

新型コロナウイルス感染の拡大で、オンライン配信を必要とする人がふえました。アマナでは、映像を通して話し手のメッセージを伝わりやすくする「deepLIVE™」というサービスを提供しています。グリーンの背景の前で人が話す場面に、リアルタイムでCGの背景や、別の場所にいる複数の人が話す場面を合成したり、音楽をつけたりすることで、見る人が理解しやすくなるようにしています。

■配信内容に合わせて 機材を決める

オンライン配信の依頼が入ると、全体をまとめるプロデューサーや映像監督、背景をつくるCGクリエイター、カメラマン、技術的な監修を行うテクニカルディレクターなどが集まり、依頼された内容をどのように見せるか企画を練ります。大切なのは、見る人がわくわくするような演出を行うことです。

テクニカルディレクターを

どのようなシステムで配信を行うか、システム図を使ってプロデューサーや現場のスタッフに説明します。

つとめる古賀さんは、予算のなかで企画を実現するために、カメラの種類や台数、背景や音楽の入れかた、中継の方法など、必要な機材や配信のシステムを決める担当です。

また、CGクリエイターと協力して、企画に合った3DCGの背景を作成します。背景はいくつもつくるので、制作には約2か月かかります。

■配信までにテクニカル リハーサルを行う

準備が整うと、映像の配信やCG背景の合成に問題がないかの技術的なテスト（テクニカルリハーサル）をくりかえし行います。とくに海外の人が同時に参加する会議などでは、通信の状況が良好かどうかの確認が重要です。

テクニカルリハーサルが終わると、ライブで話をする人

を交えてリハーサルを行い、本番にのぞみます。

■本番に立ちあい 万一にそなえる

配信の日は、スタジオに待機します。配信の本番中に、ネットワーク環境が悪くなる、音声が出ない、中継がとぎれるなど、問題が発生したらすぐにほかの方法に切りかえられるようにします。

トラブルを想定し、どう対応するか考え、対策を立てておくことも重要な仕事です。

オンライン配信中は、画像や音声、中継などのトラブルが発生した場合にそなえて待機します。
▼

アマナの古賀心太郎さんに聞きました

印象に残る映像をとるためには技術だけでなく知識も必要

神奈川県横浜市生まれ、静岡県育ち。子どものころ宇宙に興味をもち、大学では航空宇宙工学を専攻。大学院卒業後に大手自動車メーカーに就職し、車のインテリアを設計していました。2012年アマナに入社。設計の仕事で学んだものづくりの基本や姿勢は、ドローンの技術的な理解を深めたりするうえで役だっています。

「いい映像だ」と言ってもらえるとうれしい

Q この会社を選んだ理由は?

写真が好きで英語が得意だったので、最初はアマナのグループ会社であるアマナイメージズに入社し、英語を使って海外に写真を販売する仕事をしていました。その後、社内にドローンで空撮をする「airvision」という部署があることを知り、社内公募制度*に応募して異動しました。

Q もっとも印象に残っている仕事は?

中東のヨルダンという国にある世界遺産のペトラ遺跡を撮影したことです。子どものころに「ナショナルジオグラフィック」という雑誌の記事を読んでからずっとあこがれていた遺跡だったので、それを自分がドローンで空撮でき

*人材を必要とする部署が社内に募集をかけて、希望した社員が異動できる制度です。

たことに感動しました。

**Q この仕事のやりがいは
なんですか?**

　自分の撮影した映像をテレビやポスターで目にしたときです。また、それを見た家族や友人に「いい映像だね」と言ってもらえることがいちばんうれしいです。旅が大好きなので、撮影で景色のすばらしい場所をたくさんおとずれることができるのも、やる気につながっています。

**Q 仕事で
心がけていることは?**

　印象に残るすばらしい映像をとるためには、ドローンを操作する技術だけではなく、安全に飛ばすための知識も必要です。ドローンに対する規制がきびしくなっているので、

わたしの仕事道具 🔧

風速計

ドローン空撮を安全に行うためには、現場の天候を知ることが大切です。とくに強風だとドローンが人や建てものにぶつかったり、墜落したりする危険があるので、撮影前にはかならず風速を測定します。風速計はドローン空撮ができるかどうかを判断するために欠かせない道具です。

ドローンの飛行に関する法律の知識を深めるための勉強は欠かせません。ドローンやカメラなど、機材のメンテナンスや整理整とんも、つねに心がけています。

　また、もとめられた映像を最高のかたちでとれるように、テレビのCMや映画などをたくさん見て、引きだしをふやすようにしています。

**Q この仕事をめざす
子どもたちにメッセージを**

　ドローン空撮やオンライン配信などのビジュアル制作では、技術的なことからクリエイティブなことまでたくさんのことを知らないといけません。勉強でも好きなことでも、いろいろなことに興味をもって、知識と経験をふやしていってほしいですね。

一問一答 Q&A

Q 小さいころになりたかった職業は?
NASAのエンジニア

Q 小・中学生のころ得意だった科目は?
英語

Q 小・中学生のころ苦手だった科目は?
算数（数学）

Q 会ってみたい人は?
毛利衛（宇宙飛行士）

Q 好きな食べものは?
すし

Q 仕事の気分転換にしていることは?
パソコンを使って音楽をつくる

Q 1か月休みがあったら何をしたいですか?
ドローンをもってアフリカを旅したい

Q 会社でいちばん自慢できることは?
一流のクリエイターがそろっているので、刺激を受けて毎日勉強になります

アマナではたらく
古賀心太郎さんの一日

スタート！

この日は7:00から、郊外でドローン空撮があるので早朝に起きました。

撮影前にドローンとコントローラーがうまく連動しているか、カメラが作動するかなど、機材の確認をしておきます。

起床	出発	撮影現場に到着	機材の確認	ドローン空撮開始	帰社・昼食
4:00	4:30	5:30	5:45	7:00	12:30

就寝	帰宅・夕食	退社	CGクリエイターと背景CGの確認	ライブ配信の打ちあわせ	
22:00	19:30	17:00	16:00	14:00	

早朝から仕事があったため、早めに仕事を終えて会社を出ます。この日は、特別長い一日でした。

プロデューサーや現場スタッフと、ライブ配信の進行や使用するシステムなどについて、オンラインで打ちあわせを行います。

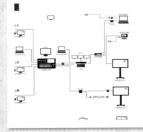

コロナ時代のはたらきかた
時代の変化におうじて、新しい仕事に挑戦する

新型コロナがきっかけでオンライン配信がはじまった

いまたずさわっている配信サービス「deepLIVE™」は、まさに新型コロナウイルス感染症の流行がきっかけではじまりました。おおぜいの人が1か所に集まるイベントが開催できない状況で、わたしたちの会社で何かできないかと考えてうまれたのです。この仕事に、わたしはテクニカルディレクターとしてたずさわり、社内のいろいろな分野のメンバーと刺激しあいながら新しいものをつくることに喜びを感じています。

経験したことのない新しい仕事に挑戦したい

今後も、時代の変化におうじて必要とされる、新しい仕事がうまれるかもしれません。そのためにも、経験したことのない仕事にどんどん挑戦していく姿勢を大切にしていきたいです。

アマナ社長の
進藤博信さんに聞きました

〝いま〟という時代を俯瞰し、
物事の本質をとらえて表現する

さまざまなプロが
〝伝わる〟にこだわる

　アマナの仕事は、商品やサービスのビジュアルを通して、その会社に魅力を感じてもらえるコミュニケーションをつくることです。目にした人に、しっかり思いが〝伝わる〟ためには、美しいだけではなく、心をかきたてるものや刺激的な要素が大切です。

　写真や動画、CG、イラストなど、制作にかかわるあらゆるジャンルのスタッフが1,000人以上いて、〝伝わる〟コミュニケーションをめざして切磋琢磨しています。

いつも時代の半歩先を
意識して仕事をする

　コミュニケーションの方法が多様化するなか、アマナでは、つねに時代の半歩先を意識して仕事をしています。新しい技術を使ったビジュアル制作や、オンライン配信といった企業の課題解決に役だつサービスを提供するなど、多くの人の心を動かす企業でありつづけたいと思います。

五感で感じたことを
自分らしく表現しよう

　わたしはもともとカメラマンでいまは社長をしています。どちらの仕事も、〝いま〟という時代を俯瞰し、物事の本質をとらえて表現するという点で同じだと考えています。

　みなさんには、好奇心を大切に、興味をもったことをどんどん追求してほしいと思います。そして、耳をすませると聞こえる音、野原で感じる草花の香り、さわった感覚など、五感をフルに使って、感じたことを表現してみましょう。文字や絵、写真など、自分らしく表現することを大事にしください。

毎年、長野県御代田町と行っている「浅間国際フォトフェスティバル」の展示風景です。アマナでは、五感を刺激してくれるアート写真が生活をゆたかにすると考え、おとなにも子どもにも、アート写真を楽しんでもらうとりくみをしています。

ライゾマティクス

ソフトウェア開発 ディレクター

真鍋大度さんの仕事

ライゾマティクスは東京都渋谷区に本社のある、アート作品、ライブ演出、広告案件などを手がけるアーティスト集団です。ここでは、研究開発と表現の追求をしながら新しい表現の価値を生みだす、アーティストの真鍋大度さんの仕事をみていきましょう。

ライゾマティクス

ライゾマティクスは株式会社アブストラクトエンジンに属するチームです。高度な技術力と表現力を武器に、企画から技術・機材開発、映像制作、オペレーション（機材の操作）までを行い、アート作品をつくったり、ライブの演出をしたりしています。

株式会社アブストラクトエンジン
本社所在地 東京都渋谷区　**創業** 2006年　**従業員数** 24名（2021年2月末現在）
※ライゾマティクスは2021年1月末日、新たに設立した株式会社アブストラクトエンジンに統合しましたが、引きつづき部門（チーム）として活動をしています。

「アーティストの表現×ライゾマティクスの技術」でだれも見たことのないライブを演出

ライゾマティクスは2006年に創業以来、Perfume、狂言師の野村萬斎、ビョークなど、世界で活躍するアーティストのライブや舞台の演出にかかわる仕事を手がけてきました。アーティストの身体表現や音楽に、ライゾマティクスが開発した技術を組みあわせることで、これまでだれも見たこともない近未来的な演出技術の開発や映像の制作を行っています。日本の文化の先端を走る集団として、世界じゅうから注目を浴びています。

Reframe 2019
Photo：Yosuke Kamiyama

▲ 2019年に開催されたPerfumeのライブ「Reframe 2019」の様子です。ライゾマティクスが得意とする3D映像と光と身体表現を組みあわせた演出で、これまでにないライブ体験を提供しました。

◀10分1のミニチュアの試合会場をつくって、24台のカメラを設置し、シミュレーションを行いました。

見えなかったものが見える！スポーツ観戦をおもしろくする技術

コンピューターで行うソフトウェア開発では、技術開発を通じて新しい価値を提供しています。たとえば、フェンシングでは、24台のカメラで追った剣先の動きをコンピューターに機械学習[1]させ、剣先の動きを予測して光線として見せるAR[2]技術を開発しました。肉眼では追いきれなかったアスリートの動きをとらえ、剣先の動きをリアルタイムで赤や緑のレーザー光線に変えて見せる技術が話題になりました。

▶剣先の動きが光線で見られることで、初心者でも観戦しやすくなりました。剣先が相手のむねをつく一瞬も、はっきり見ることができます。Fencing Visualized Project © 太田雄貴／電通／ライゾマティクス

2:25　FRA　Round 6

＊1　膨大なデータを読みこませることで、コンピューターがみずから法則を見いだして学習することです。
＊2　実在する風景に架空の視覚情報を重ねて、人に見えている世界を広げる技術のことです。

「紅白歌合戦」などさまざまなシーンで活用される ライゾマティクスの新しい舞台表現

ライゾマティクスは、ソフトウェア開発だけでなく、舞台に設置する装置などのハードウェア開発も行っています。ゼロから開発する場合は設計からはじまり、３Ｄプリンターなどの工具を用いてつくることもあります。また新機能のドローンを開発したり、３Ｄ映像をうつす動く大型ディスプレーを制作したりして、新しい舞台表現に挑戦しつづけています。

▲ダンサーと競演させる目的で開発された小型ドローンです。

◀ダンスのステージで、ドローンは撮影のためではなく、演出の小道具として登場し、舞台上を光を放ちながら舞います。ハードウェア開発の技術はNHKの「紅白歌合戦」や「リオ2016大会閉会式東京2020フラッグハンドオーバーセレモニー」など、さまざまなシーンで活用されています。

discrete figures Special Edition
©MUTEK.JP

ライゾマティクスの**SDGsトピックス**≫

4 質の高い教育を みんなに

「カイル＆ローレンによる中高校生ワークショップ」
Photo：Suguru Saito

ワークショップやイベントを通じて 未来のメディアアーティストを発掘する

ライゾマティクスはその活動を通じて、プログラミングでアート作品をつくるなど、メディアアーティストという新しい職業を一般に広めました。この新しい職業を次の世代につなぐために、ライゾマティクスでは若者向けに教育支援を行っています。著名なアーティストをまねき、映像表現の技術を教えるワークショップを開催するほか、子どもたちがプログラミングでつくったアート作品を発表する場をもうけることなどのイベントを通じて、次世代をになうアーティストの発掘も行っています。

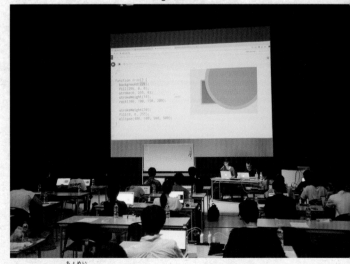

アメリカの著名なメディアアーティスト、カイル・マクドナルドとローレン・マッカーシーをまねき、中高生向けに開いたワークショップ「Super Flying Tokyo 2019」の様子です。

ソフトウェア開発 ディレクター
真鍋大度さんの仕事

ライゾマティクスでは、研究開発の成果をアート作品のかたちにして発信しています。そして、その作品に感銘を受けたお客さまから仕事の依頼を受け、ライブ演出なども手がけています。ここでは、ソフトウェア開発チームをひきいる真鍋さんのアート作品制作やライブ演出の仕事をみていきましょう。

アート作品をつくる

コンセプトは、複数のメンバーでアイデアを出しあいながら決めていきます。

■身体表現に新技術をかけあわせる

真鍋さんはソフトウェア開発チームの代表としてメンバーをまとめています。

真鍋さんたちがつくるアートは、絵画や彫刻などではなく、ダンサーなどの身体表現の動きをデータ化し、AI*などの最新技術をかけあわせて、未知の世界を見せるパフォーマンス作品などが中心です。

■コンセプトづくりでは具体的な話はしない

アート作品をつくるうえで大切なのはコンセプトづくりです。真鍋さんは、まずハードウェアの開発者などメンバーに声をかけ、アイデアを出しあい、議論をかわしながら、コンセプトを考えていきます。この段階では、「お客さまにこの作品で何を考えてもらいたいのか」といった抽象的な内容を考えます。抽象的なコンセプトであるほうが、新しい技術開発にチャレンジできるという利点もあります。

ライゾマティクスの代表的な作品の一つ「border」では、「現実と仮想を行き来する境界について観客に考えてもらいたい」というコンセプトを決めました。

■だれもやったことのない技術をもとめる

コンセプトが決まると、だれもつくったことのない作品をつくるために、過去に同じコンセプトの作品が発表されていないかを調査します。調査が終わると、過去の作品や類似の作品とこれからつくる作品とのちがいを説明できるように、作品の短い説明文をつくります。説明文ができると、仲間と話しあって作品のタイトルを決めます。

インターネットや本で、過去に発表された作品などを調べ、同じような作品がないか調査します。

■着想がおもしろいか、試作をつくり検証する

タイトルが決まると、作品のイメージをパソコン上でスケッチします。数字や波紋などの形のパターンを頭にうかべながら、作品で表現したい動きなどを描いていきます。

イメージが固まると、作品のポイントとなる場面について、ハードウェア開発者とともに試作をつくり検証します。「border」の場合は、VR

ゴーグル*を装着した観客を、次世代型の電動車いすに乗せ、ダンサーがおどる現実と仮想の世界を行き来してもらうしかけを考えました。着想だけでは電動車いすがうまく動くのか、観客がよわないかなど、安全の確認ができません。そのため試作をして、着想がほんとうにおもしろいかどうかだけではなく、安全面や技術面の検証をするのです。

■開発チームをつくり、情報を共有する

検証がすみ、先の見とおしが立つと、ハードウェアとソフトウェアの本格的な制作に入ります。ソフトウェアチームには、ダンサーの動きを解析するエンジニアもいれば、マイクで拾う音を解析するエ

ンジニア、映像や音楽を制作するアーティストもいます。

真鍋さんは作品づくりに必要なメンバーを選んで開発チームをつくり、コンセプトや予算、納期、だいたいの作品のイメージを伝えます。このとき、作品の具体的なイメージはあえて伝えずに、それぞれのアーティストの表現を尊重するように心がけています。

■テストを重ねて、問題を未然にふせぐ

システムの開発に入ると、メンバーの作業の進み具合を確認しながら、トラブルがあればチームで共有します。

試作した「border」の場面を見ながら、安全性の確認や、さらにどんな演出があるとおもしろいかなどを検証します。

表現したい動きなどをスケッチします。波紋の形などをイメージして、1秒単位の動きを考えます。

*スキーのゴーグルのような形をした機器で、装着すると内蔵されたディスプレーやイヤホンなどを通じて、仮想の映像のなかにいるような感覚を得ることができます。

システム開発の完成が近づくと、テストを行います。「border」では、システムがうまく動かず、電動車いすどうしが衝突してしまうトラブルがありました。こうしたトラブルをひとつひとつ検証し、問題がなくなるまで改良していきます。

真鍋さんが音楽制作を担当することもあります。コンピューターで音をつくり、編集して完成させます。

■映像と音楽をつくり、演出の仕あげをする

システムが完成すると、つぎに映像と音楽の制作に入ります。映像と音楽は、制作担当のメンバーにまかせますが、真鍋さんが担当することもあります。

映像と音楽の制作段階に入ると、真鍋さんは、制作された音楽と映像を合わせたり、音楽のリズムに合わせて照明が変わるよう編集をしたりして、演出家とともに作業します。最後に映像と音楽、そして照明を融合させ、本番に近い環境でテストを行って、作品を仕あげていきます。

完成した作品は、ライブや映像上映、展示などさまざまなかたちで発表します。

ライブ演出をする

■アーティストの表現に合わせて演出を行う

ミュージシャンなどから依頼を受け、ライブの演出を行うこともあります。この場合は、洋服を仕たてるように、アーティストが希望する表現に合わせた演出を、オーダーメードでつくるように心がけています。

■スポンサーや観客を意識して演出する

また企業がスポンサーとなり、ライブ演出を行う場合は、予算と納期を意識して、広告代理店と相談しながら、制作を進めます。

広告代理店の担当者とオンラインで打ちあわせをします。要望を聞いて、企画のアイデア出しから担当者と相談してつくっていきます。

本番では舞台うらでオペレーションを行います。観客や舞台の状況を見ながら、絶妙なタイミングで舞台上の演出装置を動かします。

制作の流れはアート作品と同じですが、ライブ演出の場合は、実験的な表現や技術を発信することよりも、スポンサーのもとめることや観客をもりあげることに重きを置いて完成させます。

ライゾマティクスの真鍋大度さんに聞きました

若い人が活躍できる場を整えアーティストの遺伝子をつないでいく

1976年東京都生まれ。シンセサイザー（音を合成できる楽器）のサウンドプログラマーである母親とベーシストの父親のもとで育ちました。大学卒業後は国際情報科学芸術アカデミー DSP コースに進学。2006年にライゾマティクスを設立し、プログラマー、アーティスト、DJ として活躍中です。

仕事の原体験は子どものころに遊んだゲーム

Q 子どものころ夢中になっていたことは？

　小学校のときにアメリカにいたことがあり、当時アメリカで人気があったゲームにはまっていました。

　ゲームは自分の手先の動きに合わせて音や映像が変わるので、見ているだけの映画とはちがい、おもしろいと感じたのです。その原体験がいまの仕事につながっているのだと思います。

Q なぜ会社を立ちあげたのですか？

　アーティストは、一人で活動する人もいますが、わたしの場合はチームで作品をつくるほうがモチベーションが上がりますし、性格に合っていたのです。

　また会社を立ちあげるとな

ると、メンバーの人生にも責任をもたなければいけません。当時の自分には責任をになうことが必要だったのだと思います。

Q 仕事でつらかったことはありますか?

世間で注目を浴びはじめ、仕事の数がふえすぎてしまって、研究開発をする時間がとれなくなったことです。当時はプロジェクトの管理ばかりしていて、本来自分がもっている能力をいかすことができなかったことが、つらかったですね。

Q 楽しいと感じる瞬間はどんなときですか?

エンターテインメントやライブ演出では、自分たちがつくった作品が観客にとどき、歓声がわいているときが楽しいです。またアート作品の場合は、自分がつくりたい作品がつくれたときに喜びを感じます。どちらかというと、わたしは後者の喜びが大きいので、いままでアートをつづけてきたのだと思います。

Q これから挑戦したいことはなんですか?

自分よりも若い世代のために活躍できる場をつくっていくことです。わたしは挑戦しなくとも好きなことができる環境がすでにありますが、日本にはまだアーティストを育成する環境が整っていません。若い世代が活躍できる環境をつくり、自分が受けついできたアーティストたちの遺伝子をこんどは次世代につないでいきたいです。

一問一答 Q&A

Q 小さいころになりたかった職業は?
医師

Q 小・中学生のころ得意だった科目は?
数学、英語、理科

Q 小・中学生のころ苦手だった科目は?
図工、国語

Q 会ってみたい人は?
ナタリー・ポートマン(女優、映画監督)

Q 好きな食べものは?
スイカ

Q 仕事の気分転換にしていることは?
ゲーム

Q 1か月休みがあったら何をしたいですか?
新しいプログラミング言語の習得

Q 会社でいちばん自慢できることは?
メンバーの個性が強く、自由でマイペースであるところ

ライゾマティクスではたらく
真鍋大度さんの一日

スタート！

この日は、ダンスパフォーマンス作品「discrete figures」の公演日です。前日から充電をしていたトランシーバーやドローンなどの機材を確認します。充電ができていないとライブ本番中に機材がとまってしまうため、かならずチェックします。

メンバーとトランシーバーで通信ができるか、機材がきちんと動くかどうかなど、技術のリハーサルを入念に行います。

起床・朝食	会場に到着	技術関係のリハーサル	昼食
9:30	10:00	11:00	12:00

就寝	帰宅	反省会	終演	「discrete figures」開演	夕食	リハーサルを受けて、各パートで調整	リハーサル
24:00	21:30	20:30	19:30	18:00	17:30	14:30	13:00

本番中は舞台うらでオペレーションをするときもあれば、客席で見ているときもあります。客席で見る場合は照明が強すぎないか、カメラの位置に問題がないかなど、演出をチェックします。

本番を想定し、リハーサルを行います。人の動きに合わせて音や映像、光が演出どおりに動くかを確認します。

コロナ時代のはたらきかた 　**人はリアルなライブ体験をもとめている**

オンラインの配信はライブの代わりにならない

　研究開発の仕事は、もともと自分のスタジオで行っていて、パソコンがあればできるので、はたらきかたはとくに変わりません。ただライブの現場は、無観客で行ったり、オンライン配信をしたり、表現の形態ががらりと変わりました。

　そもそも、CGや映像制作のようにオンラインで完結する仕事とはことなり、わたしたちはアスリートやダンサーなどと組みあわせることによって完成する、人どうしが「三密」となる世界で勝負しています。舞台をリアルタイムで見ることで、人は感動しますし、ストレス発散にもつながります。

　いま、その体験ができないため、人びとの気分が晴れないと感じています。早くもとの日常にもどってほしいと思います。

ライゾマティクス
ハードウェア開発 ディレクターの
石橋素さんに聞きました

苦手なことよりも得意なことに
時間を費やすことが大切

専門技術をもった人が
自由な創作を楽しむ

ライゾマティクスには、研究開発をする人のほかにも、広報や人事といった会社をささえる仕事や進行管理をする人がいます。

研究開発をする人は基本の技術があるうえで、さらに機械学習やインターネットの技術、アプリ開発、ARの合成システム、電子回路の設計などの専門技術をもち、自由な創作を楽しんでいます。

チームで一つの作品を
つくる共同作業

仕事をするうえで、高い専門技術があればいいというわけではありません。ライゾマティクスの仕事は、チームで一つの作品をつくる共同作業です。ですから、自分の技術や知識、意見をメンバーに共有していくコミュニケーション能力も必要です。

採用面接では、「Perfumeのライブを見て、この世界に入りたいと思った」と、技術にひかれて志望する人が多いのですが、いつも「人といっしょにつくることを楽しめる人に来てほしい」と伝えています。

親におこられても
好きなことに没頭しよう

みなさんはわたしたちの時代にくらべて、かんたんに知識や情報、技術が手に入り、とてもめぐまれていると思います。YouTubeを見すぎて両親におこられることもあるでしょう。それでも、めげずに好きなことに没頭してほしいです。

苦手なことよりも得意なことに時間を費やすことが大切だと思います。好きなことをきわめて得られる体験を、積みかさねてください。

あるハードウェア開発メンバーのデスクです。ライゾマティクスの社内には開発中の機材はもちろん、工具やコード、テープがあちらこちらに置いてあり、まるで基地のようです。この環境のなかで新たな技術が生みだされています。

会社にはさまざまな役割（やくわり）の人がいる！

仕事の種類別さくいん

会社ではたらく人のおもな仕事を、大きく10種類に分けてとりあげています。
このさくいんでは『職場体験完全ガイド』の61〜75巻［会社員編］で紹介（しょうかい）した、すべての会社の巻数（かんすう）と掲載（けいさい）ページを調べることができます。

■取材協力

株式会社 AbemaTV

株式会社 アブストラクトエンジン

株式会社 アマナ

株式会社 集英社
『群青戦記 グンジョーセンキ』(集英社刊)
© 笠原真樹／集英社

東宝 株式会社

■スタッフ

編集・執筆	桑原順子
	須藤智香
	田口純子
	前田登和子
	吉田美穂
撮影	糸井康友
	大森裕之
校正	菅村薫
	渡辺三千代
デザイン	sheets-design
編集・制作	株式会社 桂樹社グループ

職場体験 完全ガイド 会社員編 ・ 映像にかかわる会社 **74**

ABEMA・東宝・アマナ・ライゾマティクス

発行　2021年4月　第1刷

発行者　千葉 均

編集　柾屋 洋子

発行所　株式会社 ポプラ社

〒102-8519

東京都千代田区麹町4-2-6

ホームページ　www.poplar.co.jp

印刷・製本　大日本印刷株式会社

ISBN978-4-591-16941-4

N.D.C.366　47p　27cm

Printed in Japan

P7073074

仕事の現場に完全密着！
取材にもとづいた臨場感と説得力!!

職場体験完全ガイド
N.D.C.366（職業）

全75巻

図書館用特別堅牢製本図書